MBC™

MONSTER BUSTER CLUB

Tiré de l'épisode *Bien nourrir le bébé #04*,
d'après un scénario original de Doug Hadders et Adam Rotstein

Novélisation : Vanessa Rubio
Conception graphique du roman : François Hacker
Hachette Livre, 43, quai de Grenelle, 75015 Paris

MBC™
MONSTER BUSTER CLUB

MON BABY-SITTING EXTRA-CHOUETTE

hachette
JEUNESSE

BIENVENUE AU CLUB !

La mission du MBC : protéger la Terre des dangereux extraterrestres venus de toutes les galaxies. Notre quartier général est installé dans une cabane au fond de notre jardin. En cas d'urgence (c'est-à-dire souvent), un tunnel secret débouche directement dans les casiers du collège.

RÈGLEMENT

1. Le club doit rester secret.
2. Le club n'a pas de chef.
3. Notre devise : tous unis contre les extraterrestres.
4. Interdiction formelle d'utiliser les gadgets en dehors des missions.
5. Celui qui ne suit pas ces règles sera exclu du club.

LES MEMBRES DU MBC

Nom : Cathy
Âge : 537 ans (ce qui est assez jeune pour une extraterrestre)
Son secret : Très élastique et (trop ?) dynamique, elle a des super pouvoirs
Signe particulier : extraterrestre venue de la planète Rhapsodia, elle adore tout ce qui est typiquement terrien… et elle est un peu folle !

Nom : Sam
Âge : 12 ans
Son secret : sérieuse, elle garde la tête froide dans toutes les situations
Signe particulier : c'est un peu la chef de la bande, mais chut, il ne faut pas le dire !

Nom : Chris
Âge : 12 ans
Son secret : petit génie de l'informatique, il bricole toutes sortes de gadgets
Signe particulier : il a remporté le concours de QI du collège trois années de suite.

Nom : Danny
Âge : 12 ans
Son secret : sympa, drôle, toujours prêt à se battre
Signe particulier : un peu frimeur, il a tendance à se prendre pour une star.

UN EXTRATERRESTRE TRÈS GENTIL. . .

Nom : M. Smith
Âge : 1256 ans (normal, c'est le grand-père de Cathy)
Son secret : parle plus de 3 000 dialectes extraterrestres
Signe particulier : comme tous les grands-pères, il adore raconter sa vie... et jardiner.

. . . UN HUMAIN TRÈS MÉCHANT !

Nom : Marc
Âge : 12 ans
Son secret : C'est l'ennemi juré de Danny ! Il est PIRE qu'un extraterrestre.
Signe particulier : Il est tellement crâneur qu'il nous fait bien rire...

1

DES GÂTEAUX, ENCORE DES GÂTEAUX

— Allez, allez, on se dépêche ! Il faut que nos gâteaux soient prêts pour la vente de charité !

Sam empile sur de grands plats toutes sortes de spécialités terriennes : des bridoches, des sabrés, des drownies, des tartoflettes aux fraiseilles et je ne sais quoi. Comme je ne viens pas de votre planète, j'adore goûter de nouvelles recettes.

Je me penche en reniflant.

— Tiens, c'est quoi, ce truc marron et moelleux ? Ça a l'air bon !

Sam fronce les sourcils.

— Repose ça tout de suite, Cathy ! C'est pour les baleines !

J'ouvre de grands yeux étonnés. Franchement, j'ai du mal à comprendre les humains, parfois.

— Pour les baleines ? Parce qu'elles mangent des gâteaux ?! Je croyais que c'était des grosses bêtes qui vivent dans l'eau, un peu comme les *zaniflottes* de la planète Océania.

— Tout à fait, Cathy, confirme Chris qui sait toujours tout. Les baleines sont des cétacés, mais il s'agit d'une espèce menacée. On essaie donc de récolter de l'argent pour les protéger, en vendant des gâteaux dans notre école.

Sam le regarde en souriant.

— Au fait, Chris, bravo pour l'affiche. Elle est géniale ! La petite larme qui coule sur la joue de ce pauvre animal, ça toucherait même un cœur de pierre.

Je sursaute.

— Parce qu'il y a des humains qui ont des cœurs en pierre ? Je ne savais pas !

Sam secoue la tête, ça veut dire que je commence à l'énerver…

— C'est pas possible, Cathy, tu ne comprends rien à rien aujourd'hui !

Danny, le quatrième membre du MBC, me pose la main sur l'épaule.

— Mais non, c'est juste une expression, Cathy. Hé, Sam, détends-toi un peu ! Tu es complètement stressée !

— Parce que moi, je pense à ces pauvres baleines qui…

Brusquement, la porte de notre quartier général (habilement

camouflé dans une cabane de jardin) s'ouvre en grand. C'est John, le petit frère de Chris.

— Salut, les amis ! J'ai inventé une super machine pour vous aider. Il s'agit d'un distributeur de matière noire comestible. Il crée des biscuits à partir de rien ! Plus besoin de farine, de sucre ou de chocolat, on tourne un bouton et ça sort par-là. Je l'ai baptisé le « Gâteau Choc-Choc » !

Sam le regarde, sourcils froncés, signe qu'elle ne croit pas un mot de ce qu'il raconte (à force de vivre parmi les humains, j'ai appris à décoder leurs grimaces.

— Très joli nom, John, mais on n'a pas le temps de s'amuser avec tes joujoux.

Je hoche la tête (ça veut dire que je suis d'accord en langage humain).

— Oui, parce que nous, on a un baby-sitting !

Sam regarde l'heure.

— Argh, c'est vrai ! J'avais oublié !

John a l'air déçu.

Danny lui donne une tape dans le dos.

— T'en fais pas, mon p'tit gars ! On va les goûter, tes gâteaux.

— Bon, d'accord, dit Sam. Mais juste un.

John tripote les boutons de

sa machine. On dirait un sèche-cheveux géant. Avec un bruit tout *crunchibug*, elle crache une pile de gâteaux très réussis.

Mes amis ont l'air surpris. Ils en prennent chacun un. Mais en mordant dedans, ils font la grimace.

— Beurk, ça a la couleur d'un cookie au chocolat, la forme d'un cookie au chocolat…, commence Sam.

— Sauf qu'on dirait du papier toilette, finit Chris. Désolé, frérot, mais c'est franchement pas terrible.

John tourne tous les boutons de son engin.

— Attendez, attendez, c'est une question de réglage. Il faut juste bidouiller un peu…

La machine fait un bruit de fusée qui décolle, elle lance des étincelles et se met à cracher des gâteaux dans tous les sens.

— Au secours ! crie Sam en se cachant sous une table. Attaque massive de cookies !

— Oups, désolé, fait John en

rentrant la tête dans les épaules. J'ai dû un peu trop la bidouiller.

Je prends Sam par la main pour la tirer de sa cachette.

— Viens, on va être en retard pour garder Tina…

Sam soupire. (C'est pour montrer qu'elle a très, très envie de tous nous étrangler.)

— Écoute, Cathy, là, je ne peux pas. Tu as vu ce bazar ? Il faut tout ranger et finir nos gâteaux avant la vente !

Moi, je ne suis pas compliquée : quand je vois que je dérange, je préfère m'en aller. Je tourne sur moi-même en chantonnant.

— D'accord, d'accord. J'y vais toute seule. De toute façon, ça ne doit pas être très compliqué de garder un bébé. Tu joues, tu lui donnes un peu de jus de carbone martien s'il a soif et tu le mets dans un trou noir pour la sieste !

Sam me regarde d'un drôle d'air. Je ne comprends pas pourquoi elle fait cette tête-là, les humains sont tellement bizarres.

— Bon, vas-y, Cathy. Je passerai te voir quand on aura tout installé pour la vente, ça marche ?

— O.K., pas de problème !

2

UN MIGNON PETIT BÉBÉ

Je file chez Tina en sifflotant. J'ai déjà gardé des enfants sur ma planète, je ne vois pas pourquoi ce serait plus difficile ici, hein ?

C'est une grande dame blonde, avec un adorable bébé dans les bras, qui m'ouvre la porte. Je lance un joyeux :

— Bonjour, Tina ! Bonjour, maman de Tina !

— Ah, bonjour, Cathy ! Entre !

Elle me tend sa fille avant d'ajouter :

— Voici la puce. Je dois vite partir, j'ai un rendez-vous très important. Il faut la coucher à quatorze heures. Elle a le droit de regarder un peu la télé, mais seulement la chaîne pour les petits. Et pour le goûter, tu peux lui donner tout ce qu'elle veut, sauf les biscuits qui sont dans la boîte orange, rangée dans le placard. C'est très important, compris ?

Je hoche la tête en répétant :

— Sieste à quatorze heures, un peu de télé pour les bébés, et surtout pas la boîte orange.

La maman de Tina me sourit.

— Parfait. À tout à l'heure, amusez-vous bien.

Elle embrasse Tina sur le front.

— Au revoir, mon bébé. Sois bien sage.

Le petit ange en salopette agite la main.

— Ovoir, manman. Crès saze, moi.

Dès qu'on est seules, on monte dans la chambre de Tina. Elle a

des jouets hyper extra-chouettes !

On est en train de tournoyer comme des folles, accrochées à un grand machin qui fait de la musique, lorsque Sam nous rejoint.

— Salut, les filles ! Tout va bien ?

— Oh oui, super ! Les bébés terriens ont des jeux incroyables. Tu as vu ce tourniquet de l'espace ?

Sam se mord les lèvres.

— Heu, Cathy, ce n'est pas fait pour se suspendre dans les airs, c'est un mobile... pour endormir les bébés. Tu vas le casser...

Je m'arrête net.

— Ah bon ? Dommage.

Tina se met à crier.

— Enco, enco ! Trop igolo.

Je lui fais des guili-guili. (Ça fait rire tous les bébés, même sur ma planète.)

— T'es mignonne. Tu t'amuses bien avec moi, hein ? On va faire une partie de « Cache-cache comète » et puis on jouera à « Un, deux, trois, Mars ».

Sam regarde son poignet.

— Mince, c'est mon V-com qui vibre.

Chris apparaît sur l'écran. Il est tout pâle.

— Qu'est-ce qui se passe, Chris ?

— On a un problème avec la vente de gâteaux, il faut que tu viennes tout de suite.

— Quel genre de problème ?

— Grave. Concurrence déloyale.

Sam fronce les sourcils. (Je crois que c'est une manie : elle le fait tout le temps.)

— Comment ça ?

— Marc a fait venir le meilleur

pâtissier de la ville et il a installé son stand juste en face du nôtre.

— Mais il n'a pas le droit ! proteste Sam, rouge de colère. Et nos pauvres baleines, qu'est-ce qu'elles vont devenir !

Que je vous explique : Marc est notre ennemi juré. Il fait toujours tout pour nous énerver. En continuant à jouer à la ferme des extraterrestres avec Tina, je murmure :

— Quel gros *floussbeurk*, celui-là…

Danny apparaît sur l'écran derrière Chris.

— En plus, il veut récolter de l'argent pour s'acheter un hélicoptère. Môssieur en a assez de venir à l'école à pied ! Je rêve !

— Il faut absolument que tu viennes, Sam ! supplie Chris. On a passé un CD de chant de baleines pour attirer quelques clients, mais on ne fait pas le poids face à son orchestre !

Sam me jette un regard inquiet.

— Tu crois que tu vas pouvoir t'en sortir sans moi, Cathy ?

Je lève le pouce. (J'ai vu des Terriens faire ça dans un film, ça veut dire « tout va bien ».)

— Ne t'en fais pas. Tina et moi, on va regarder un peu la télé avant d'aller faire un gros dodo. D'accord, mon bébé ?

— Voui.

Tina me fixe de ses grands yeux bleus. Elle est trop *choupidoudou* !

Mais soudain un grondement terrifiant monte de son ventre. GROAAAR !

— Eh ben, on dirait qu'il y a un extraterrestre là-dedans.

— Z'a faim, murmure Tina de sa petite voix.

— D'accord, mon cœur. Cathy va

te donner un petit quelque chose à manger, dit Sam. Bon, moi, j'y vais ! Bon appétit, les filles ! Je vais m'occuper de mes baleines et je repasse vous faire un petit coucou tout à l'heure, promis !

3

UN BÉBÉ AFFAMÉ

Dès que Sam est repartie, je fonce dans la cuisine avec Tina dans les bras.

— Alors, alors… dis-moi, qu'est-ce qu'ils mangent, les bébés sur cette planète ?

GROAAAR !

Elle pose ses petites mains sur son ventre et me regarde, au bord des larmes.

— Z'a crès faim.

Oh, non ! Elle va se mettre à pleurer. Je lui épluche un de ces longs machins jaunes qui sont

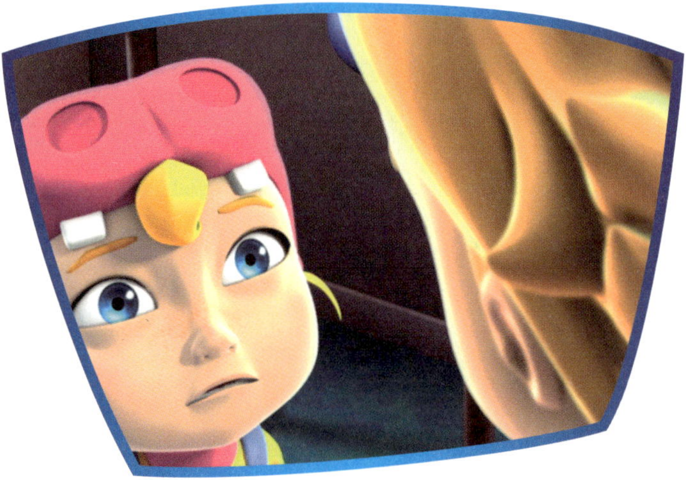

dans une corbeille, sur la table. Je ne me rappelle plus trop comment ça s'appelle... Les singes et les enfants en raffolent, je crois.

— Tiens, ma Tinounette. Une babane.

— Miam !

Elle l'engloutit sans même la mâcher. Puis une autre et encore une autre. Et tous les trucs de la corbeille à fruits : les jaunes, les rouges, même les verts tout poilus...

— Miam ! Enco faim.

— Allez, viens, Tina. Tu as assez mangé. On va jouer à monstre-perché, d'accord ?

— Vouiiii ! s'écrie-t-elle en se jetant dans mes bras.

Mais au bout de dix minutes, ça recommence.

GROAAAAR !

Cette fois, je lui prépare un vrai repas. Les bidules qu'on met dans l'eau pour que ça gonfle, des croquillettes, je crois.

Elle dévore tout avec appétit.

— Miam, miam, bon ! Enco !

Je ne sais plus quoi faire. Je n'en peux plus. J'appelle Sam.

Heureusement, au MBC, on a un système souterrain qui permet de traverser la ville en navette, à une vitesse supersonique. Sam arrive donc à mon secours cinq secondes plus tard.

— Qu'est-ce qui se passe, Cathy ? Je suis pressée. Danny a fait semblant d'être empoisonné par les gâteaux de Marc. Ça a marché quelque temps mais ensuite ce tricheur a passé une pub sur écran géant dans la cour de l'école pour vendre ses gâteaux. Il faut qu'on trouve comment répliquer.

La tête basse, je soupire.

— Je ne sais plus quoi faire… Tina a tout le temps faim. J'ai essayé de l'occuper pour lui changer les idées, mais rien à faire. J'ai joué à tous les jeux que je connaissais. Sauf la bataille intergalactique tridimensionnelle, mais je ne

retrouve plus mon mégaconnecteur.

Sam prend les choses en main.

— Tu sais, Cathy. Sur Terre, les enfants ont des jeux beaucoup plus simples.

Elle ramasse une sorte de petite bestiole en matière toute douce et l'agite sous le nez de Tina.

Tina rit aux éclats. Mais soudain GROAAAR ! Son estomac rugit de plus belle.

— Z'a faim !

Oh non !!!

4

LA BOÎTE ORANGE

Je suis une extraterrestre, j'ai des super pouvoirs, je peux sauter super haut, allonger mes bras comme des élastiques, générer de l'énergie, faire des tas de trucs incroyables ! Mais face à un bébé inconsolable, tout ça ne sert à rien. Sam me tend le doudours en ordonnant :

— O.K. ! Cathy, occupe-la, moi, je cherche quelque chose à manger.

Je sautille dans tout le salon avec le machin dans les bras.

— Regarde, je suis le *grodoudours* de l'espace !

Tina se met à rire.

— Igolo ! Enco !

Sam arrive, des biscuits à la main.

— C'est pour qui, le bon gâteau ?

Tina se trémousse sur son petit derrière.

— Moi, moi ! Miam, bon, enco !

Elle engloutit les gâteaux presque sans les mâcher. Sam n'en croit pas ses yeux.

— C'est fou, ça ! On dirait que

plus elle mange, plus elle a faim. Elle a vraiment un très gros appétit.

— Z'a crès, crès faim ! Enco !

— C'est que… hum, y en a plus !

Tina se dresse sur ses petites jambes, attrape un des tabourets de la cuisine… et le dévore goulûment. Ses yeux brillent d'un éclat orange, pas du tout humain.

Oh, oh, je crois que je comprends ce qui se passe…

— Sam, qu'est-ce que tu lui as

donné à manger ?

— Eh ben… les biscuits que j'ai trouvés au fond du placard. Ceux qui étaient dans la boîte orange.

— Oh non ! Tu n'as pas fait ça ?

Mon amie me regarde sans comprendre.

— Ben si, pourquoi ? Je les ai goûtés, ils étaient très bons !

— Je crois que Tina n'est pas humaine. D'après ce que je vois, ce doit être un extraterrestre glouton pythonovore.

— QUOI ? hurle Sam.

— Oh, mais ne t'inquiète pas.

Ils ne sont pas méchants. Sauf quand on leur donne des biscuits au *Gluzok*. Là, ils deviennent incontrôlables...

Tandis que Tina grignote les CDs de ses parents comme des cookies au chocolat, Sam s'arra-

che les cheveux.

— Pourquoi moi ? Pourquoi aujourd'hui ? Pourquoi ? Pourquoi ? Pourquoi ?!

Là, je sais ce qu'il faut répondre :

— Parce que.

Sam me lance un regard méchant, comme un rayon laser tueur.

— T'es pas obligée de répondre à ce genre de questions, Cathy !

Oh, là, là ! Je ne comprendrais jamais les humains !

Pendant qu'on discute, Tina a croqué un bout du mur et en a

profité pour s'échapper. Sam lui court après en gémissant :

— Bon, qu'est-ce qu'on va faire ? Tu as une idée pour arrêter ce... ce... monstre, avant qu'il ne dévore toute la ville ?

— Euh, non, pas vraiment. On n'a qu'à demander à grand-père, non ?

Mon papy sait plein de choses. Il connaît tous les extraterrestres de toutes les galaxies. Et surtout, il parle toutes les langues extraterrestres possibles et imaginables. Sam l'appelle sur son V-com.

— Monsieur Smith ? On a un

monstre glouton pythonovore qui a mangé du *Gluzok* et…

— Oh, un pythonovore, ce sont des créatures fascinantes !

— Oui, mais comment faire pour l'arrêter ? le coupe Sam.

— C'est simple, il faut enlever le goût du *Gluzok* de ses papilles.

Ça me rappelle la fois où…

Sam coupe la communication. C'est le problème avec mon grand-père, il est un peu bavard.

— Vite, Sam. Tina se dirige vers l'école.

— Oh non, elle va gâcher notre vente de gâteaux !

5

UN GLOUTON DANS LA VILLE

En un clin d'œil, on file jusqu'à l'école dans nos navettes ultrarapides à la poursuite du monstre glouton… Quand on débarque dans la salle de classe, les autres s'étonnent :

— Qu'est-ce que vous venez faire là ? Je croyais que vous faisiez du baby-sitt…

Danny s'interrompt en voyant Tina engloutir tous les gâteaux de Marc, avec la table, les napperons, l'argenterie. Et même la boîte pleine de gros billets.

Les clients s'en vont en hurlant, affolés. Quelle pagaille !

— Waouh ! siffle Chris. Elle mange encore plus que Danny quand on va au MacMiam !

Danny fait la grimace.

— Trop marrant ! Merci, Tina. Tu nous as débarrassés de notre concurrent.

— Bon, maintenant, on va calmer la petite puce, décide Chris.

Il sort son pistolet à champs de force. Ça permet de créer des parois invisibles très très solides. Alors qu'une grosse bulle jaillit de la machine, Chris nous explique :

— Grâce à ses fibres de Kevdur haute qualité, cette cage est indestruct…

Mais la cage s'est à peine déployée que Tina l'avale. Tout rond. *Gloups.*

Je secoue la tête.

— Excuse-moi, Chris, mais tu n'aurais pas plutôt une cage immangeable ?

Notre petit génie se gratte le crâne.

— Ça alors ! Elle a dévoré ma cage ! Bon, on va essayer autre chose.

Il tend une télécommande à son frère.

— Tiens, John. Quand je te

le dirai, tu appuieras sur le gros bouton rouge.

— Waouh, génial ! Le disque flottant du MBC, j'ai toujours rêvé de l'utiliser !

Comprenant le plan de Chris, Danny essaie d'attirer Tina sur une sorte de plaque ronde qu'il a posée au milieu de la pièce.

— Regarde, mon bébé. Voilà un bon beignet que Tonton Danny a fait pour les baleines. Miam, miam, c'est délicieux !

Dès que la petite passe dessus, John appuie sur le bouton et le disque s'élève dans les airs. Tina

est isolée à deux mètres du sol.

— On la tient ! s'exclame Danny.

— Excellente idée, Chris, le félicite Sam. Comme ça, elle ne peut rien attraper.

Sauf que Sam ne connaît pas les gloutons pythonovores. Quand ils ont faim, ils sont capables de tout. Même d'attirer à eux de quoi manger. Et c'est justement ce que fait Tina. Elle déclenche une sorte de tornade dans la pièce, entraînant bancs, chaises, tables... jusqu'à sa bouche.

— Oh non ! J'ai parlé trop vite, gémit Sam. Vite John, passe-moi la machine que tu as inventée.

— Mon « Gâteau Choc-Choc » ? Mais tu as dit que les biscuits n'avaient aucun goût !

— Justement, réplique Sam avec un sourire mystérieux.

Elle tourne tous les boutons

au maximum et dirige le jet de biscuits vers Tina.

— Ouvre grand la bouche, bébé glouton ! Voilà ton goûter !

Pauvre bout d'chou. Dès qu'elle en a avalé une bouchée, son sourire se change en grimace.

— Beuah ! Pas bon, pas miam-miam ! Pus faim, moi !

Ses yeux reprennent leur jolie couleur bleue et elle tombe dans mes bras, épuisée.

— Dodo, moi ! Bien manzé.

Je lui chatouille le menton.

— Qu'elle est mignonne quand elle dort !

Sam a retrouvé le sourire.

— Et voilà ! Je me suis dit que ces atroces gâteaux allaient lui faire passer le goût du *Gluzok*.

— Ça, c'est sûr, ça lui a fait un choc, remarque Danny.

— Normal ! s'exclame John, tout fier que son invention nous ait aidés. C'est l'effet magique du « Gâteau Choc-Choc » !

FIN

LES EXTRATERRESTRES SONT DE RETOUR... REJOINS-NOUS DANS NOTRE PROCHAINE MISSION !

Pour savoir quand sortira le prochain tome de Monster Buster Club, inscris-toi à la newsletter du site www.bibliothequerose.com

DÉCOUVRE LES TOUTES PREMIÈRES AVENTURES DE CATHY ET DU MONSTER BUSTER CLUB DANS :

1. Ma première fête

2. Mon cousin diabolique

TABLE

« Pour l'éditeur, le principe est d'utiliser des papiers composés de fibres naturelles, renouvelables, recyclables et fabriquées à partir de bois issus de forêts qui adoptent un système d'aménagement durable. En outre, l'éditeur attend de ses fournisseurs de papier qu'ils s'inscrivent dans une démarche de certification environnementale reconnue. »

Imprimé en France par Jean Lamour – Groupe Qualibris
Dépôt légal : décembre 2009
20.24.1952.9/01 ISBN : 978-2-01-201952-2
Loi n° 49956 du 16 juillet 1949
sur les publications destinées à la jeunesse

2010